Boniface Kalinda Mulli

REVISÃO DE SISTEMAS DE CONTROLE INTERNO

Boniface Kalinda Mulli

REVISÃO DE SISTEMAS DE CONTROLE INTERNO

GERENTES DE FINANÇAS VS AUDITORES INTERNOS E AUDITORES EXTERNOS

ScienciaScripts

Imprint
Any brand names and product names mentioned in this book are subject to trademark, brand or patent protection and are trademarks or registered trademarks of their respective holders. The use of brand names, product names, common names, trade names, product descriptions etc. even without a particular marking in this work is in no way to be construed to mean that such names may be regarded as unrestricted in respect of trademark and brand protection legislation and could thus be used by anyone.

Cover image: www.ingimage.com

Este livro é uma tradução do original publicado sob ISBN 978-3-8443-0499-2.

Publisher:
Sciencia Scripts
is a trademark of
International Book Market Service Ltd., member of OmniScriptum Publishing Group
17 Meldrum Street, Beau Bassin 71504, Mauritius
Printed at: see last page
ISBN: 978-620-2-75633-4

DEDICAÇÃO.

À minha falecida mãe, Monica.

AGRADECIMENTOS.

Ao DEUS Todo-Poderoso cujos dons sem medida têm continuado a fluir da sua bondade para me trazer paz através deste momento decisivo durante esta viagem, aleluia.

Graças ao apoio incansável e contínuo, orientação e conselhos recebidos do Prof.
Hamdi Ali que me viu ao longo de toda a viagem de preparação deste livro.

Graças à direcção da Maastricht School of Management por me ter concedido uma bolsa no âmbito do 55º Aniversário, o que me fez realizar o meu sonho.

Aos colegas, as grandes senhoras e senhores do MBA24 pela cooperação cordial durante a nossa estadia na Holanda e o início de uma nova era na nossa vida.

O tremendo apoio, orações e palavras de encorajamento recebidas da minha família lá no Quénia.

Conteúdo

ABREVIATURAS E ACRÓNIMOS

AICPA	Instituto Americano de Contabilistas Públicos Certificados
CPA	Contabilista Público Certificado
COCO	Critérios do Conselho de Controlo
COSO	Comité de Organizações Patrocinadoras
COSOTC	Comité de Organizações Patrocinadoras do Treadway Comissão
CEO	Chefe do Executivo
CFO	Directores de Finanças
CIA	Chefe dos Auditores Internos
EDP	Processamento electrónico de dados
UEM	Unidade de Monitorização da Eficiência
IC	Controlo Interno
ICS	Sistemas de Controlo Interno
IT	Tecnologia da Informação
GAAP	Princípios Contabilísticos Geralmente Aceites
INTOSAI	Organizações Internacionais de Instituições Superiores de Auditoria
PA	Principais Auditores
PAC	Comité das Contas Públicas
PCAOB	Conselho de Supervisão da Contabilidade das Empresas Públicas
PIC	Comité de Investimentos Públicos
KACC	Comissão Anti-Corrupção do Quénia
KENAO	Gabinete Nacional de Auditoria do Quénia
SOX	Lei Sarbanes-Oxley 2002
SEC	Comissão de Títulos e Câmbios

CAPÍTULO 1

INTRODUÇÃO

1.1 Antecedentes e visão geral

A publicidade gerada pelos recentes colapsos contínuos das empresas devido a má gestão financeira e escândalos salientou a importância de procedimentos adequados de governação empresarial. Isto também pôs em destaque os sistemas de controlo interno adoptados pelas organizações, particularmente na sequência de uma série de escândalos financeiros que abalaram o sector empresarial americano e o mundo no final dos anos noventa e no início dos primeiros anos do ano 2000, na era dos famosos casos Enron e WorldCom. No Quénia, os relatórios de auditoria do Serviço Nacional de Auditoria do Quénia e os dos cães de guarda parlamentares, particularmente da comissão de contas públicas e da comissão de investimentos públicos, continuaram a ser seriados de relatórios chocantes de impropriedade financeira maciça, má utilização, corrupção e negligência. Muitas empresas estatais continuaram a enfrentar perdas persistentes, bem como colapso iminente, forçando o governo a injectar mais fundos públicos.

Estes escândalos têm continuado a abalar a confiança dos investidores e têm posto em causa a integridade e competência dos conselhos de administração das empresas, bem como as práticas e estilos de gestão em todo o mundo.

Nas circunstâncias precedentes, uma questão continua a ocupar a mente de todos os intervenientes sobre o que os Sistemas de Controlo Interno jogam para garantir uma boa gestão financeira.

Em 1992, o Comité de Organizações Patrocinadoras (COSO) da Comissão Nacional de Informação Financeira Fraudulenta definiu o controlo interno como um processo, efectuado pelo conselho de administração, gestão e outro pessoal de uma entidade, concebido para fornecer uma garantia razoável na realização dos objectivos em:

Eficácia e eficiência das operações

Fiabilidade dos relatórios financeiros

Cumprimento das leis e regulamentos aplicáveis

O Controlo Interno é um sistema de controlos e equilíbrios que assegura que todas as acções da empresa são adequadas e têm a aprovação da gestão de topo. Os controlos internos referem-se tanto a controlos administrativos como a controlos contabilísticos. Embora o COSO observe que os sistemas de controlo interno não constituem uma garantia absoluta de prevenção de fraudes ou de má gestão, o sistema de controlo interno implementado deveria dar uma garantia razoável de que tais casos de má gestão financeira não atingem níveis tão alarmantes como os que continuamos a testemunhar em todo o mundo.

1.2 Definição do problema

Os Sistemas de Controlo Interno têm continuado a ser uma importante área de preocupação na governação de todas as organizações e esta importância tem sido ampliada nos últimos anos. O enfoque no ICS ganhou impulso devido ao aumento de escândalos financeiros e fraude em empresas privadas e públicas, Ministérios do Governo, bem como em empresas estatais.

No Quénia, os relatórios de auditoria da KENAO, a instituição suprema de auditoria do país, o comité de investimentos públicos, o comité de contas públicas e vários comités de fiscalização continuaram a ser responsáveis por escândalos financeiros maciços e fraudes, apesar do facto de as mesmas empresas estatais terem sistemas de controlo interno em vigor.

Isto desencadeou o meu interesse em descobrir a natureza dos Sistemas de Controlo Interno adoptados pelas organizações resultantes desta investigação. A investigação permitiu-me efectuar uma análise dos Sistemas de Controlo Interno em várias empresas estatais que operam em Nairobi, Quénia, com vista a descobrir a natureza e o tipo de controlos internos em vigor e os objectivos que as empresas pretendiam alcançar.

1.3 Objectivos do estudo

O objectivo da investigação era descobrir porque é que escândalos financeiros maciços e fraudes continuaram a ocorrer cada vez mais nos últimos anos, apesar de as empresas estatais terem posto em prática sistemas de controlo interno.

O estudo foi orientado pelos seguintes objectivos específicos:

Encontrar os objectivos que as empresas estatais procuraram alcançar através da implementação de sistemas de controlo interno.

Análise dos componentes (tipos e natureza) do ICS adoptado pelas empresas estatais em Nairobi para a gestão financeira.

1.4 Quadro teórico

O estudo foi baseado na formulação de estratégias e sistemas de controlo de gestão. A formulação de estratégias é o processo de decisão sobre novas estratégias enquanto o controlo de gestão é o processo de implementação das estratégias. Os funcionários de qualquer organização precisam de ter uma compreensão clara das suas responsabilidades e das regras e regulamentos que regem as suas acções. Portanto, para melhorar o ambiente de controlo, a direcção desenvolve descrições de funções para os empregados e define claramente a autoridade e responsabilidade dentro da organização. Também são estabelecidas políticas tais como práticas empresariais aceitáveis, conflitos de interesses, e códigos de conduta. Os métodos de controlo de gestão são então utilizados para exercer o controlo sobre a autoridade delegada a outros. Os elementos de controlo de gestão incluem planeamento estratégico, orçamentação, atribuição de recursos, medição do desempenho, avaliação e recompensa.

O estudo procurou rever os sistemas de controlo interno sobre gestão financeira adoptados pelas empresas estatais no Quénia, visando as que operam na cidade de Nairobi. Os sistemas de controlo interno constituíam as variáveis independentes, enquanto que a boa gestão financeira era a variável dependente. No entanto, para poder identificar se existiam fraquezas no SCI, as variáveis independentes foram divididas em variáveis independentes principais e variáveis independentes menores.

As principais variáveis independentes foram as seguintes:

    ambiente de controlo

    avaliação de risco

    actividades de controlo

    informação e comunicação

    monitorização

As variáveis independentes menores foram as seguintes:

    foram estabelecidos controlos internos para alcançar os objectivos da autoridade e responsabilidade da corporação segregação de funções

presença de um comité de auditoria eficaz

compromisso da gestão de topo

regras, políticas e regulamentos claros

presença da auditoria interna

documentação e registo adequado e atempado de todas as transacções em
conformidade com o GAAP

1.6 Questões de investigação

As questões de investigação específicas a que o estudo procurou responder foram:

Quais foram os objectivos que as empresas procuraram alcançar ao estabelecerem
controlos internos?

Quais foram os tipos e a natureza dos sistemas de controlo interno adoptados pelas
empresas estatais em Nairobi?

Se todas as componentes de controlo interno do ambiente de controlo, avaliação
de risco, actividades de controlo, informação e comunicação e monitorização
estavam presentes, bem como operacionais e em conformidade com os quadros de
controlo interno mais reconhecidos?

1.7 Pressupostos e limitações do estudo

O autor tinha assumido o seguinte:

todas as empresas tinham estabelecido sistemas de controlo interno

os inquiridos visados foram bem informados sobre o funcionamento dos sistemas
de controlo interno

que os inquiridos fornecerão honestamente informação adequada e fiável

O autor enfrentou limitações como a incapacidade de obter algumas contas ou
documentos auditados cruciais das empresas estatais, que poderiam ter fornecido muitos
dados de arquivo para enriquecer o relatório, devido às restrições impostas pelo Acto
Secreto Oficial do

Leis do Quénia. Assim, o estudo baseou-se em informação que é legalmente aceite para divulgação, bem como em literatura de arquivo que teve influência no funcionamento efectivo do ICS das empresas estatais.

Outra limitação foi que as respostas podem não ter sido tratadas de forma verdadeira e honesta porque os empregados podem ter querido mostrar que o ICS era eficaz. Para abordar esta questão, as perguntas foram enquadradas de tal forma que o foco não foi num elemento ou componente, mas que perguntas diferentes levaram ao resultado desejado.

O tempo limitado, distância e restrições orçamentais não permitiram ao autor um estudo mais abrangente, especialmente para cobrir todo o país. Com esta força, o autor reduziu o estudo para cobrir as actividades das corporações dentro da cidade de Nairobi, o que era manejável.

1.7 Resultados Esperados do Estudo

O autor esperava que os resultados do estudo fossem úteis para melhorar e melhorar os processos contabilísticos e de gestão financeira das empresas estatais no Quénia. Em particular, os resultados podem pressionar os Chefes Executivos das empresas e o Conselho de Administração a concentrarem a atenção na concepção adequada e no planeamento prudente de ICS eficazes para um melhor controlo das empresas que gerem, para além da redução dos custos das operações. Numa nota semelhante, uma vez que o ICS é posto em prática para manter as empresas no rumo dos objectivos de rentabilidade e realização da sua missão, bem como para minimizar surpresas pelo caminho, os resultados do estudo sobre o ICS podem também permitir à administração lidar com ambientes económicos e competitivos em rápida mudança, com mudanças nas exigências e prioridades dos clientes, e com reestruturações para o crescimento futuro que podem acabar por tornar as organizações entidades saudáveis que já não dependem fortemente do financiamento estatal para satisfazerem mesmo as operações básicas.

Além disso, os resultados do estudo podem funcionar como um remanescente para os gestores da empresa estarem conscientes do facto de que os conceitos de governação empresarial também dependem fortemente da necessidade de controlos internos, uma vez que os controlos ajudam a assegurar que os processos funcionam como concebidos e que as respostas ao risco (tratamentos de risco) na gestão do risco são levadas a cabo.

Além disso, é necessário que existam circunstâncias que garantam que os procedimentos acima mencionados serão realizados como pretendido: atitudes correctas, integridade e competência, e controlo por parte dos gestores. Isto pode acabar por melhorar a governação das empresas no Quénia e até fazer com que algumas delas atinjam o ponto de equilíbrio ou "se mantenham de pé", uma vez que dependem de fundos públicos para funcionar que, de outra forma, podem ser desviados para prioridades nacionais mais importantes, mas prementes, tais como o fornecimento de ensino secundário gratuito e outras necessidades financeiras.

Os resultados da investigação poderão também ajudar os vários ministérios de tutela sob os quais as empresas estatais operam, a apresentar quadros políticos apropriados que facilitarão a revisão ou formulação de leis e regulamentos para as empresas, o que pode trazer uma boa governação empresarial e incutir confiança aos investidores.

Além disso, as instituições que realizam ensino, formação (cursos de curto e longo prazo) e exames em administração de empresas e governação empresarial podem encontrar os resultados dos estudos que fornecem contributos úteis ao conceberem os seus programas/curriculum de formação/exame.

Por último e não menos importante, as conclusões do estudo podem não só tornar-se um material de referência útil para outros académicos, mas também para aqueles interessados em ler mais sobre questões de ICS relativas à governação empresarial e gestão financeira em particular.

1.8 Metodologia de investigação

A metodologia de investigação forneceu a estrutura conceptual em que se baseou a recolha e análise dos dados. Portanto, esta secção cobriu a localização do estudo, concepção da investigação, procedimentos de amostragem, instrumentação, validação dos instrumentos e os métodos de análise de dados.

1.8.1 Localização do estudo e população alvo

Em Janeiro de 2008, existiam 190 empresas estatais no Quénia, das quais 178 estavam activas. Das empresas que estavam activas, apenas 49 estavam sediadas em Nairobi, que é a capital administrativa. O estudo foi realizado sobre as 49 empresas estatais sediadas em Nairobi, a cidade administrativa e, portanto, esta era a população.

O autor optou por concentrar o estudo em Nairobi porque dada a limitação de tempo e os fundos disponíveis, a recolha de dados foi conveniente, oportuna e rentável. Além disso, devido a infra-estruturas bem estabelecidas como a rede de transporte e comunicação, havia uma acessibilidade fácil e conveniente aos escritórios da empresa durante a recolha dos dados.

1.8.2 Técnicas de selecção de amostras e tamanho da amostra

O quadro de amostragem forneceu a estrutura para facilitar a identificação e selecção da amostra do estudo a partir da população em causa. Orientou o autor na elaboração da técnica mais apropriada para determinar a amostra controlável dos respondentes certos a partir da qual recolher os dados previstos.

Kathuri e Pals (1993) define a amostragem como o processo de selecção de alguns casos (amostra) para fornecer informações que podem ser utilizadas para fazer julgamentos sobre um número muito maior de casos (população).

Das 49 empresas estatais baseadas em Nairobi, uma amostra de 18 empresas estatais foi seleccionada com base na conveniência e na técnica de amostragem proposta. Os inquiridos visados para este estudo foram os 18 principais gestores financeiros e os 18 principais auditores internos para cada empresa. Foram também solicitados dados a 18 auditores principais do Gabinete Nacional de Auditoria do Quénia (KENAO) responsáveis pela auditoria das respectivas empresas estatais, com base na riqueza de experiência que possuíam, uma vez que avaliavam continuamente os controlos internos das empresas enquanto realizavam anualmente a auditoria estatutária. Uma análise dos dados recolhidos junto destes três diferentes inquiridos deveria dar uma visão equilibrada, pois todos eles desempenharam um papel muito crucial em diferentes plataformas sobre a implementação e operações eficazes de sistemas de controlo interno nas empresas estatais e em qualquer organização em todo o mundo.

1.8.3 Instrumentos de recolha de dados, apresentação e análise

Desenhei perguntas fechadas e fiz uso da escala de likerd para recolher dados dos principais gestores financeiros e dos principais auditores internos das respectivas empresas estatais. O mesmo instrumento, mas ligeiramente modificado para se adequar à sua experiência, foi utilizado para recolher dados dos principais auditores do Gabinete Nacional de Auditoria do Quénia. Estes funcionários actuaram como auditores independentes (auditores externos) das empresas estatais, o que me permitiu comparar e contrastar os seus dados com os dados recolhidos junto dos chefes das finanças e dos auditores internos principais que eram funcionários das empresas. Utilizei também entrevistas telefónicas para acompanhamento e esclarecimento de quaisquer questões pouco claras, bem como informações adicionais. Os instrumentos desenvolvidos foram entregues ao supervisor para serem revistos antes de qualquer outra acção nesta fase específica. Isto porque a validade do conteúdo não pode ser representada numericamente, mas foi determinada subjectivamente através de um exame minucioso do instrumento por peritos.

Foi obtida autorização das autoridades competentes no Quénia e os questionários enviados à KENAO para coordenar a recolha de dados com o agente tal como identificado. Li e analisei documentos tais como relatórios de auditoria, manuais de contabilidade e práticas de auditoria e outros documentos e artigos relevantes para a contabilidade, auditoria e sistemas de controlo interno.

Analisei os dados qualitativamente através da categorização, unitilização, reconhecimento de relações e fiz inferências. A análise foi feita com base em questionários de pesquisa. Finalmente, fiz uso de tabelas e gráficos descritivos para facilitar a interpretação. O resto do estudo é apresentado em quatro capítulos.

1.8.4 Estrutura da apresentação do resto do estudo

Chapter 2   Revisão da Literatura

Chapter 3   Enquadramento Teórico

Chapter 4   Análise de dados, resultados e discussão

CAPÍTULO 2

REVISÃO BIBLIOGRÁFICA

2.1 Introdução

Este capítulo centra-se na revisão da investigação disponível e da informação sobre sistemas de controlo interno. Dá uma visão geral dos sistemas de controlo interno, o papel e a importância que desempenham nas organizações, para além da sua avaliação. A revisão ajudou na tentativa de procurar respostas apropriadas para as questões de investigação neste estudo. Foi também realizado um estudo das fases de evolução dos controlos internos desde os tempos antigos até ao século ^{XXI}, para esclarecer os níveis de modificações a que os conceitos foram submetidos. Foi também levada a cabo uma análise crítica do significado dos sistemas de controlo interno, dos seus objectivos, componentes, bem como da sua aplicabilidade às organizações. A análise implicou uma revisão da informação arquivística, incluindo relatórios de auditoria, documentos de política, jornais e outros materiais literários, conforme orientado pelos objectivos do estudo, nomeadamente:

> evolução dos controlos internos
>
> definição de controlos internos
>
> importância dos controlos internos
>
> objectivos dos controlos internos
>
> componentes dos controlos internos
>
> responsabilidades dos controlos internos
>
> limitações dos controlos internos

2.2 Evolução dos controlos internos

Nos tempos antigos antes de 1500, as mesmas transacções financeiras eram registadas em dois registos diferentes por duas pessoas independentes, a fim de ter dois registos idênticos para congruência. O principal objectivo era evitar manipulações e fraudes, apesar de o trabalho ser feito internamente sem acompanhamento de fora da organização.

Durante os anos entre 1500 e 1850, houve um aumento no uso de controlos internos como resultado das actividades industriais e da separação da propriedade do capital da gestão. No entanto, os controlos financeiros concentraram-se em torno da verificação das transacções financeiras.

A partir de 1850, a importância dos controlos internos ganhou ímpeto como resultado da separação dos proprietários de empresas da gerência. A história da evolução continuou durante várias fases sem uma definição comum.

No entanto, devido ao aumento do insucesso empresarial nos finais da década de 1970 e meados de 1980, foi formada a Comissão Nacional de Informação Financeira Fraudulenta, a Comissão Treadway. O objectivo da comissão era identificar os factores que causavam relatórios financeiros fraudulentos e fazer recomendações sobre a forma de reduzir os relatórios fraudulentos.

Em 1992, foi realizada uma definição e um quadro de controlo interno geralmente aceites com um relatório de publicação histórica sobre o controlo interno denominado Quadro Integrado de Controlo Interno, popularmente conhecido como COSO.

2.3 Definição de sistemas de controlo interno

Em 1992, o Comité de Organizações Patrocinadoras (COSO) da Comissão Nacional de Informação Financeira Fraudulenta definiu o controlo interno como um processo, efectuado pelo conselho de administração, gestão e outro pessoal de uma entidade, concebido para fornecer uma garantia razoável na realização dos objectivos em:

Eficácia e eficiência das operações

Fiabilidade dos relatórios financeiros

Cumprimento das leis e regulamentos aplicáveis

A eficiência e a eficácia das operações estão relacionadas com os objectivos empresariais básicos da entidade. Isto inclui objectivos de desempenho, bem como objectivos de rentabilidade e salvaguarda de recursos. A fiabilidade dos relatórios financeiros trata da preparação de demonstrações financeiras publicadas fiáveis. Tais declarações incluem declarações financeiras intercalares e condensadas e dados financeiros seleccionados a partir das declarações, tais como comunicados de rendimentos, que são comunicados publicamente. Espera-se que o terceiro objectivo permita que a entidade cumpra as leis e regulamentos aos quais está sujeita.

Embora todos estes pareçam distintos e sobrepostos, lidam com necessidades diferentes e impulsionam uma entidade para se concentrar directamente nas necessidades separadas.

Segundo a INTOSAI (2001), o controlo interno é um processo integral que é efectuado pela direcção e pelo pessoal de uma entidade e que se destina a enfrentar os riscos e a fornecer uma garantia razoável de que, na prossecução da missão da entidade, estão a ser alcançados os seguintes objectivos gerais:

> executar operações ordenadas, éticas, económicas, eficientes e eficazes
>
> cumprimento das obrigações de responsabilização
>
> cumprimento das leis e regulamentos aplicáveis que protegem os recursos contra perda, utilização indevida e danos

O Instituto Francês de Contabilistas (1977) define o controlo interno como um conjunto de medidas de segurança que contribuem para o controlo da empresa. Afirma ainda que o seu objectivo é assegurar, por um lado, a segurança e salvaguarda dos bens e a qualidade da informação, por outro lado, a aplicação das instruções dadas pela direcção, e encorajar a melhoria do desempenho. A definição acrescenta que o processo é evidenciado através dos métodos e procedimentos da organização para cada uma das actividades da empresa, de modo a assegurar a continuidade da mesma.

O Criteria of Control Board (COCO) (1995) define IC como os elementos de uma organização como recursos, sistemas, processos, cultura, estruturas e tarefas que, em conjunto, apoiam as pessoas na realização dos objectivos da organização. Segundo o COCO, os três objectivos primários da IC são a realização dos mesmos:

eficácia e eficiência das operações

fiabilidade dos relatórios internos e externos

cumprimento das leis e regulamentos aplicáveis, bem como das políticas internas O controlo interno (CI) é um sistema de verificações e equilíbrios que é uma componente integral da gestão de uma organização. É um processo, efectuado pelo pessoal e sistemas de tecnologia da informação (TI) de uma organização, e concebido para ajudar a organização a atingir metas ou objectivos específicos. É um meio pelo qual os recursos de uma organização são dirigidos, monitorizados e medidos. Desempenha um papel importante na prevenção e detecção da fraude e na protecção dos recursos da organização, tanto físicos (por exemplo, maquinaria e propriedade) como intangíveis (por exemplo, reputação ou propriedade intelectual, tais como marcas registadas). Há uma variedade de definições de CI, uma vez que afecta os vários círculos eleitorais (partes interessadas) de uma organização de várias formas e a diferentes níveis de agregação. Os procedimentos ou controlos de controlo discretos são definidos pela SEC (2007) como um conjunto específico de procedimentos de políticas, e actividades concebidas para cumprir um objectivo. Um controlo pode existir no âmbito de uma função ou actividade designada num processo. O impacto de um controlo pode afectar toda uma empresa ou específico de um saldo de conta, classe de transacções ou aplicação. Os controlos têm características únicas, por exemplo, podem ser: automáticos ou manuais; reconciliações; segregação de funções; autorizações de revisão e aprovação; salvaguarda e responsabilização de activos; prevenção ou detecção de fraude de erros. O controlo no âmbito de um processo pode consistir em controlos de relatórios financeiros e controlos operacionais.

Uma característica chave de qualquer ICS deve ser a verificação independente do desempenho. Portanto, o IC é um sistema de verificações e equilíbrios, e é uma componente integral da gestão de uma empresa. Existe um controlo interno para manter o desempenho ou um estado de coisas dentro do que é esperado, permitido ou aceite. O controlo construído dentro de um processo é de natureza interna. Tem lugar com uma combinação de componentes inter-relacionadas - tais como ambiente social que afecta o comportamento dos empregados, informação necessária no controlo, e políticas e procedimentos. A Estrutura de Controlo Interno é um plano que determina como o controlo interno é composto por estes elementos.

O controlo interno significa coisas diferentes para pessoas diferentes. Isto causa confusão entre os empresários, legisladores, reguladores e outros. Miscelânea de erros de comunicação resultantes e

expectativas diferentes causam problemas dentro de uma empresa. Os problemas são agravados quando o termo, se não estiver claramente definido, está escrito na lei, regulamento ou regra. Apesar destas diferentes opiniões, todos estão de acordo sobre o papel vital desempenhado pela ICS em cada organização.

2.4 Importância dos controlos internos

O controlo interno consiste em políticas, regulamentos e procedimentos concebidos pela direcção para assegurar e dar garantias razoáveis de que a organização atinge os seus objectivos e metas de forma eficaz e eficiente. Tais procedimentos são referidos como controlos e compreendem colectivamente o sistema de controlo interno da organização. A existência de um sistema de controlo interno eficaz pode reduzir os erros intencionais ou não intencionais dos recursos humanos. Um tal sistema pode também limitar os erros antes de ocorrerem desde o início ou identificá-los e corrigi-los assim que forem descobertos.

Pearce e Robinson (2007:61) revela que a "Lei Sarbanes-Oxley de 2002, assinada pelo Presidente Bush a 30 de Julho de 2002, declara que o CEO e o CFO devem certificar todos os relatórios que contenham as declarações financeiras da empresa. A certificação torna os funcionários responsáveis pelo estabelecimento e manutenção de controlos internos de modo a que tenham conhecimento de qualquer informação material relacionada com a empresa. Os funcionários devem igualmente avaliar a eficácia dos controlos internos no prazo de 90 dias após a publicação do relatório e apresentar as suas conclusões sobre a eficácia dos controlos. Além disso, os funcionários devem revelar qualquer material fraudulento, deficiências na comunicação dos relatórios financeiros, ou problemas com os controlos internos aos auditores e à comissão de auditoria da empresa. Finalmente, os funcionários devem indicar quaisquer alterações aos controlos internos ou factores que os possam afectar".

A Secção 404 da Lei Sarbanes-Oxley exige que cada relatório anual de um emitente de acções contenha um relatório de controlo interno por parte da direcção que informe sobre a existência e eficácia do controlo interno da empresa sobre os relatórios financeiros. O controlo interno de uma empresa sobre relatórios financeiros é declarado como sendo o processo concebido pela gerência para fornecer uma garantia razoável da fiabilidade dos relatórios financeiros. Deve também dar garantias sobre a preparação das declarações para fins externos, de acordo com os princípios contabilísticos geralmente aceites.

A SEC publicou novas regras (Comunicado nº 33-8238) em Maio de 2003 para reforçar o conteúdo do relatório acima referido, conforme exigido pela Lei Sarbanes-Oxley. As regras exigem que o relatório de controlo interno da direcção também inclua;

> uma declaração de que a direcção é responsável pelo estabelecimento e manutenção de um sistema adequado
>
> o quadro utilizado para avaliar os controlos internos
>
> uma declaração sobre se o controlo interno é ou não eficaz a partir do ano - fim
>
> A divulgação de quaisquer deficiências materiais no sistema de controlo interno; e
>
> Uma declaração de que os auditores externos da empresa emitiram um relatório de auditoria sobre a avaliação da gestão dos seus controlos internos.

Além disso, os auditores independentes devem declarar a fiabilidade da avaliação da gestão dos controlos internos sobre os relatórios financeiros.

2.5 Objectivos dos sistemas de controlo interno

COSO (2006) observa que a definição de objectivos é considerada uma condição prévia à IC, o que permite à gestão identificar os riscos para a realização desses objectivos. Para enfrentar estes riscos, a gerência pode implementar controlos internos específicos (CI). A eficácia do controlo interno pode então ser medida pela forma como os objectivos são alcançados e como os riscos são abordados eficazmente. De modo mais geral, a fixação de objectivos, orçamentos, planos e outras expectativas estabelecem os critérios de controlo.

COSO (2006) observa ainda que o controlo interno se destina a fornecer uma garantia razoável relativamente ao cumprimento dos objectivos nas seguintes categorias:

> Eficácia e eficiência das operações que se preocupam principalmente com os objectivos empresariais básicos da entidade, incluindo objectivos de desempenho, bem como objectivos de rentabilidade e salvaguarda de recursos
>
> Fiabilidade dos relatórios financeiros relacionados com a preparação de demonstrações financeiras publicadas fiáveis, incluindo também demonstrações financeiras intercalares e condensadas
>
> como dados financeiros seleccionados derivados de tais declarações, tais como

divulgação de ganhos e publicidade reportada. A ideia de publicidade reportada refere-se à preparação de demonstrações financeiras, auditorias e outros relatórios fiscais que a entidade pode divulgar ao público.

Cumprimento das leis e regulamentos aplicáveis que permitem à entidade cumprir e respeitar as leis e regulamentos a que está sujeita.

Todos os objectivos distintos, mas sobrepostos, abordam diferentes necessidades e permitem um enfoque direccionado para satisfazer as necessidades separadas, existindo, por conseguinte, uma relação entre as três categorias de objectivos.

Para além dos objectivos acima mencionados pelo COSO, existem duas outras categorias de objectivos destinados aos CI. Estes objectivos são:

Precisão dos dados operacionais, que se relaciona com a necessidade de assegurar que as decisões tomadas por um formulário no seu dia - a - dia de operações se baseiam em informações precisas

Protecção dos fundos contra a fraude e o uso indevido. Isto refere-se à responsabilidade fiduciária de uma entidade para salvaguardar os fundos de uma entidade e assegurar que estes sejam utilizados para os fins e pelos destinatários pretendidos.

A fiabilidade dos relatórios financeiros, o feedback atempado sobre a realização de objectivos operacionais ou estratégicos, a exactidão dos dados operacionais e o cumprimento das leis e regulamentos destinam-se a alcançar objectivos a nível organizacional; enquanto que a protecção dos fundos contra a fraude e o uso indevido se relaciona com os níveis de transacção específicos para alcançar um objectivo específico (por exemplo, como assegurar que os pagamentos da organização a terceiros se destinam a serviços válidos prestados). Os procedimentos de controlo interno reduzem a variação do processo, levando a resultados mais previsíveis.

2.6 Componentes dos sistemas de controlo interno

De acordo com o COSO Integrated Framework, os controlos internos consistem em cinco componentes inter-relacionados que são derivados da forma como a gestão gere um negócio, e são integrados com o processo de gestão. Embora os componentes se apliquem a todas as entidades, as pequenas e médias empresas podem implementá-los de forma diferente das grandes empresas. As componentes de controlo interno são as seguintes:

Ambiente de Controlo

Avaliação de risco

Actividades de Controlo

Informação e Comunicação

Monitorização

2.6.1 Ambiente de controlo

O ambiente de controlo define o tom da organização e influencia a consciência de controlo do seu povo. É a base de todas as outras componentes dos controlos internos, proporcionando disciplina e estrutura. Como tal, uma filosofia de gestão dedicada a estabelecer um processo empresarial sólido e controlos operacionais tenderia a criar um ambiente de controlo interno mais forte do que uma filosofia que não está consciente nem despreocupada com os controlos internos.

Isto implica que o ambiente de controlo de uma entidade influencia a consciência de controlo do seu povo. Os factores do ambiente de controlo incluem a integridade, os valores éticos e a competência do pessoal da entidade; a filosofia e o estilo de funcionamento da direcção; a forma como a direcção atribui autoridade e responsabilidade, e organiza e desenvolve o seu pessoal e a atenção e direcção fornecidas pelo conselho de administração.

2.6.2 Avaliação dos riscos

Esta componente trata da identificação e análise dos riscos relevantes para alcançar os objectivos que constituem a base para determinar a forma como os riscos devem ser geridos. Todas as organizações enfrentam uma variedade de riscos de fontes externas e internas que devem ser avaliados. Uma condição prévia para a avaliação de riscos é o estabelecimento de objectivos, ligados a diferentes níveis e consistentes a nível interno. Porque as condições económicas, industriais, regulamentares e operacionais são dinâmicas e continuarão a mudar, são necessários mecanismos para identificar quais os riscos especiais que podem ser associados à mudança. A empresa deve examinar as formas como o ambiente de controlo afecta o seu funcionamento e a resposta apropriada, por exemplo, uma mudança no ambiente operacional, novo pessoal e a forma de o induzir, sistemas de informação novos ou reformados de crescimento rápido e novas tecnologias.

Os riscos podem surgir ou mudar como resultado de factores como mudanças no ambiente operacional; novo pessoal; sistemas de informação novos ou renovados; crescimento rápido; nova tecnologia; novos programas de subsídios, projectos de construção, ou outras actividades; reestruturação organizacional; pronunciamentos contabilísticos; regulamentos governamentais, e estatutos relacionados com finanças.

2.6.3 Actividades de controlo

Estas são políticas e procedimentos que ajudam a assegurar que as directivas de gestão são levadas a cabo. Tais actividades ajudam a assegurar que sejam tomadas as medidas necessárias para enfrentar os riscos de realização dos objectivos da entidade. As actividades de controlo ocorrem em toda a organização, a todos os níveis e em todas as funções. Incluem uma gama de actividades tão diversas como aprovações, autorizações, verificações, reconciliações, revisões do desempenho operacional, controlos físicos (para segurança dos bens), e segregação de funções, bem como processamento de informação.

Algumas actividades de controlo importantes na gestão financeira incluem:

Separar as funções de autorização e de dispersão de fundos.

Levar a cabo balanços experimentais para determinar se as contas estão em equilíbrio.

Reconciliação de saldos de caixa e saldo bancário.

Manutenção de um controlo electrónico adequado do processamento de dados (EDP)

O Controlo Electrónico de Processamento de Dados (EDP) inclui:-

Emissão de identificações de utilizador e palavras-passe únicas para cada funcionário para assegurar a responsabilidade individual do utilizador,

Mudança frequente de senha,

Informar os utilizadores autorizados de directrizes para uma utilização adequada do sistema, e Segregação de deveres e responsabilidades em matéria de segurança informática.

Outras verificações e balanços de controlo interno são;-

Atribuição de deveres específicos aos empregados e deve ser responsável pelas tarefas. Se ocorrer um problema, o funcionário responsável pode ser facilmente identificado.

Atribuições de empregos rotativos que desencorajam o empregado de se envolver em esquemas de longo prazo para defraudar a empresa e os dados electrónicos.

A utilização de dispositivos mecânicos e de salvaguardas do sistema para reduzir a tentação e evitar roubos, por exemplo, os cheques devolvidos devem ser registados e os mesmos salvaguardados que o dinheiro.

Manuais de políticas e procedimentos estabelecendo o que deve ser feito e servindo de base para os procedimentos para a execução da política.

A aplicação de controlos, tais como a segregação de funções, é afectada em certa medida pela dimensão da organização. Em pequenas entidades, os procedimentos serão menos formais do que em grandes entidades. Além disso, certos tipos de actividades de controlo podem não ser relevantes em pequenas entidades.

2.6.4 Informação e comunicação

Informação e Comunicação trata da necessidade de identificar, capturar, e trocar informações pertinentes de uma forma e num prazo que permitam às pessoas cumprir as suas responsabilidades. Os sistemas de informação englobam procedimentos e documentos que fazem o seguinte:

Identificar e registar todas as transacções válidas

Descrever, em tempo útil, as transacções com detalhe suficiente para permitir uma classificação adequada para relatórios financeiros.

Medir o valor das transacções de forma a permitir o seu registo adequado nas demonstrações financeiras.

Permitir o registo das transacções no período contabilístico adequado.

Apresentar devidamente as transacções e divulgações relacionadas nas demonstrações financeiras.

Se a informação contabilística for rotineiramente utilizada na tomada de decisões operacionais, é provável que a direcção estabeleça controlos eficazes e responsabilize os gestores e funcionários de nível inferior pelo desempenho. Além disso, se a direcção utiliza rotineiramente informação contabilística para medir o progresso e os resultados operacionais, é provável que sejam investigadas variações significativas entre os resultados planeados e os resultados reais. Esta revisão detecta as causas das variações e afecta os passos necessários para corrigir os procedimentos que não conseguiram evitar declarações incorrectas.

Os sistemas de informação produzem relatórios contendo informações operacionais, financeiras e relacionadas com a conformidade que permitem gerir e controlar a empresa. Tratam não só de dados gerados internamente, mas também de informação sobre eventos externos, actividades e condições necessárias para informar a tomada de decisões empresariais e a elaboração de relatórios externos. A comunicação eficaz também deve ocorrer num sentido mais amplo, fluindo para baixo, através e para cima da organização. Todo o pessoal deve receber uma mensagem clara da direcção (sénior) sobre as suas responsabilidades e papéis nos sistemas de controlo interno, bem como sobre a forma como as actividades individuais se relacionam com o trabalho dos outros. Devem ter um meio de comunicar informações significativas a montante sobre a eficácia e eficiência destes sistemas. É igualmente necessário que haja uma comunicação eficaz com partes externas, tais como clientes, fornecedores, reguladores e accionistas.

2.6.5 Monitorização

Segundo o COSO (2006), a monitorização do sistema de controlo interno é um processo que avalia a qualidade do desempenho do controlo interno ao longo do tempo. Além disso, podem ser efectuadas revisões periódicas do sistema de controlo interno e actividades relacionadas, realizadas com pessoal interno ou recursos externos. A natureza e o calendário destas avaliações dependem da eficácia das actividades em curso e do risco de os sistemas de controlo interno não estarem a funcionar como previsto pela gestão e de as deficiências serem comunicadas ao nível de gestão adequado para a tomada de medidas correctivas.

A direcção deve claramente atribuir responsabilidade e delegar autoridade com cuidado suficiente para assegurar que as pessoas que executam procedimentos de controlo sejam responsabilizadas pelo seu desempenho por aqueles que monitorizam ou supervisionam estas actividades, e as pessoas que monitorizam o desempenho dos procedimentos de controlo sejam responsabilizadas pela direcção, pelo conselho directivo, ou pela comissão de auditoria. Isto é conseguido através de actividades de monitorização contínua e da separação das avaliações ou de uma combinação das duas.

A monitorização contínua ocorre no decurso das operações. Inclui actividades regulares de gestão e supervisão, e outras acções que o pessoal realiza no desempenho das suas funções. O âmbito e a frequência de avaliações separadas dependerão principalmente de uma avaliação dos riscos e da eficácia dos procedimentos de monitorização contínua.

Existe sinergia e ligação entre todos os cinco componentes acima referidos, formando um sistema integrado que reage dinamicamente às condições de mudança (ambientais internas e externas). O sistema de controlo interno está entrelaçado com as actividades operacionais da entidade e existe por razões empresariais fundamentais. O sistema é mais eficaz quando os controlos estão integrados na infra-estrutura da entidade e fazem parte da essência (missão, visão e declarações de identidade) da entidade. Quando os controlos são incorporados na infra-estrutura da entidade, existe uma iniciativa de apoio e capacitação de qualidade que elimina custos desnecessários e permite uma resposta rápida a condições em mudança.

Existe uma relação directa entre as várias categorias de objectivos, que a entidade se esforça por alcançar e os componentes, que representam o que é necessário para alcançar os objectivos. Todos os componentes são relevantes para cada categoria de objectivos. Ao olhar para qualquer categoria, a eficácia e eficiência das operações, para todos os cinco componentes deve estar presente e funcionar eficazmente para concluir que a IC sobre as operações é eficaz.

2.7 Papéis e responsabilidades de implementação

De acordo com o COSO (2006) Framework, todos os membros de uma organização têm a responsabilidade última pela implementação de controlos internos. Na sua essência, todos os empregados tomam medidas que produzem informações que afectam o sistema de controlo interno. Todos os funcionários devem ser responsáveis pela comunicação livre de problemas nas operações, não cumprimento do código de conduta, ou outras violações da política ou acções ilegais continuamente em benefício e sucesso da organização.

2.7.1 Chefe do Executivo (CEO)

O director executivo principal (CEO) é o último responsável e deve assumir (propriedade) do sistema. Mais do que qualquer outro indivíduo, o CEO dá o tom no topo que afecta a integridade ao proporcionar a liderança de um ambiente de controlo positivo. Numa grande empresa, o CEO cumpre este dever ao proporcionar liderança e direcção aos gestores de topo e ao rever a forma como estão a controlar o negócio. Os gestores de topo, por sua vez, atribuem a responsabilidade pelo estabelecimento de políticas e procedimentos de controlo interno mais específicos ao pessoal responsável pelas funções de cada unidade.

2.7.2 Director de Finanças (CFO)

O CFO desempenha um papel muito vital para assegurar a implementação eficaz dos controlos internos. Grande parte da estrutura de controlo interno flui através da área de contabilidade e finanças da organização, sob a direcção do CFO. Em particular, os controlos sobre os relatórios financeiros são da competência do CFO. Espera-se que o comité de auditoria faça uso das interacções com o CFO e outros como base para o seu nível de conforto no controlo interno sobre a informação financeira. Numa entidade de menor dimensão, a influência do director executivo principal, muitas vezes um director-geral, é normalmente mais directa. Além disso, em pequenas empresas, onde a separação total das funções não é uma alternativa economicamente viável, os proprietários devem ser envolvidos nos controlos internos através de verificações independentes. Além disso, devem assumir funções-chave, tais como a assinatura de cheques e a reconciliação bancária mensal.

A Lei Sarbanes-Oxley de 2002 exige que o CEO e o CFO de uma empresa pública certifiquem que eles:

> são responsáveis pelo estabelecimento e manutenção de controlos internos

> conceberam tais controlos internos para assegurar que qualquer informação material relacionada com a empresa seja dada a conhecer e divulgada
> avaliou a eficácia do controlo interno no final do ano

> indicaram no seu relatório se houve ou não alterações significativas nos controlos internos ou outros factores que afectam significativamente os

controlos internos

revelaram aos auditores da empresa e ao comité de auditoria todas as deficiências significativas no funcionamento dos controlos internos que poderiam afectar negativamente a capacidade de registar, processar, resumir e comunicar dados financeiros ou qualquer fraude envolvendo a direcção ou os empregados

2.7.3 Auditoria interna

A auditoria interna desempenha um papel importante na avaliação da eficácia do sistema de controlo interno e, por conseguinte, contribui para o seu sucesso e eficácia contínuos. Com a equipa de auditoria interna a reportar directamente à comissão de auditoria e aos níveis mais altos da direcção, é frequentemente esta função que desempenha um papel significativo na monitorização do sistema de controlo interno.

2.7.4 Conselho de Administração / comissão de auditoria

É necessário um conselho forte e activo para proporcionar direcção, governação, orientação e supervisão. Também têm conhecimento das actividades e ambiente da entidade, e dedicam o tempo necessário para cumprir as suas responsabilidades no conselho de administração. A direcção pode estar em posição de anular os controlos e ignorar ou abafar as comunicações dos subordinados, permitindo a uma direcção desonesta que deturpe internacionalmente os resultados para cobrir os seus rastros. Um conselho de administração activo, particularmente quando associado a canais de comunicação eficazes e a funções financeiras, legais e de auditoria interna capazes, é muitas vezes mais capaz de identificar e corrigir tal problema, procurando, por exemplo, a contribuição dos auditores internos e externos. Espera-se que o comité de auditoria seja a primeira linha de defesa do conselho no que diz respeito ao sistema de controlo interno sobre relatórios financeiros.

2.7.5 Outro pessoal da organização

O controlo interno é da responsabilidade de todos numa organização e, portanto, deve ser uma descrição explícita das funções de todos. Todos os funcionários da organização devem compreender claramente o seu papel no controlo interno e a importância de apoiar o sistema através das suas próprias acções e encorajar o respeito pelo sistema por parte dos seus colegas na organização.

2.7.6 Auditores externos

Os auditores externos, trazendo uma visão independente e objectiva, contribuem directamente através da auditoria das demonstrações financeiras e indirectamente fornecendo informações úteis à gestão e ao conselho de administração no cumprimento das suas responsabilidades. Avaliam se os controlos são devidamente concebidos, implementados e funcionam eficazmente e fazem recomendações sobre a forma de melhorar os controlos internos. Podem igualmente rever os controlos das tecnologias de informação relacionados com os sistemas informáticos da organização. Para dar uma garantia razoável de que os CI envolvidos no processo de informação financeira são eficazes, são testados pelos auditores externos, que são obrigados a efectuar os controlos internos da empresa e a fiabilidade da sua informação financeira.

De acordo com a SOX Act 2002, os auditores externos da empresa têm de emitir um relatório de auditoria sobre a avaliação da gestão dos seus controlos internos. Os auditores independentes também têm de elaborar um relatório sobre a fiabilidade da avaliação dos controlos internos sobre os relatórios financeiros por parte da direcção.

2.7.7 Festas diversas

Outras partes externas que fornecem informações à entidade úteis para a realização de controlos internos são legisladores e reguladores, clientes e outros que transaccionam negócios com a empresa, tais como fornecedores, analistas financeiros, bem como avaliadores de obrigações, não devem ser

subestimado. As partes externas, contudo, não são responsáveis nem fazem parte do sistema de controlo interno da entidade.

2.8 Limitações dos controlos internos

Embora a estrutura do sistema de controlo interno seja importante para uma organização, um sistema eficaz não é uma garantia de que a organização será bem sucedida no cumprimento dos seus objectivos. Uma estrutura de controlo interno eficaz pode manter as pessoas certas informadas sobre o progresso da organização ou a falta de progresso na realização dos seus objectivos, mas não pode transformar um gestor pobre num bom gestor. A probabilidade de cumprir estes objectivos não depende apenas da vontade da empresa, pois outras limitações como as incertezas no mundo exterior, o exercício do julgamento dos empregados, bem como os problemas que podem surgir devido a falhas ou erros humanos, desempenham um papel significativo.

Além disso, ao implementar os controlos internos, é importante ter em mente a análise custo-benefício para evitar o desenvolvimento de sistemas de controlo interno que são desnecessariamente dispendiosos.

Os controlos internos podem fornecer uma garantia razoável, não absoluta, de que os objectivos de uma organização serão alcançados. O conceito de garantia razoável implica um elevado grau de garantia, limitado pelos custos e benefícios de estabelecer procedimentos de controlo incrementais. Um controlo interno eficaz implica que a organização gera relatórios financeiros fiáveis e cumpre substancialmente as leis e regulamentos que lhe são aplicáveis. Contudo, se uma organização alcança objectivos operacionais e estratégicos pode depender de factores externos à organização, tais como concorrência ou inovação tecnológica. Estes factores estão fora do âmbito do controlo interno; portanto, um controlo interno eficaz fornece apenas informação ou feedback atempado sobre o progresso no sentido da realização de objectivos operacionais e estratégicos, mas não pode garantir a sua realização. O controlo interno envolve a acção humana, o que introduz a possibilidade de erros no sistema de controlo interno. Além disso, os controlos internos podem ser contornados por conluio, bem como por anulação da gestão.

Contudo, as limitações acima referidas podem ser minimizadas assegurando que o ambiente de controlo, que é a base de todas as outras componentes de um controlo interno eficaz, é sólido e propício O esforço colectivo de vários factores afecta o ambiente de controlo, incluindo integridade e valores éticos, compromisso com a competência, participação do conselho de administração, bem como do comité de auditoria, filosofia e estilo de funcionamento da gestão, estrutura organizacional, atribuição de autoridade e responsabilidade e políticas e práticas de recursos humanos. A substância do sistema de controlo interno é mais importante do que a forma, devido ao risco de que os controlos não sejam efectivamente implementados ou mantidos.

CAPÍTULO 3

QUADRO TEÓRICO A3D RESEARCHMETHODOLOGY

3.1 Introdução

Depois de passar pela revisão da literatura, este capítulo centrou-se no enquadramento teórico, identificando as lacunas na literatura e, posteriormente, apresentou sugestões sobre como colmatar as lacunas. Seguiu-se uma selecção da metodologia de investigação.

3.2 Definição do problema

O Controlo Interno é um instrumento de gestão utilizado para fornecer uma garantia razoável de que os objectivos das organizações estão a ser alcançados. O ICS tem continuado a ser uma importante área de preocupação na governação de todas as organizações e esta importância continua a ser ampliada nos últimos anos. No Quénia, os relatórios de auditoria da KENAO, a instituição suprema de auditoria do país, a comissão de investimentos públicos, a comissão de contas públicas e várias comissões de controlo continuaram a ser responsáveis por escândalos financeiros maciços e fraudes, apesar do facto de as mesmas empresas estatais terem sistemas de controlo interno em vigor.

Isto motivou-me a descobrir a natureza dos Sistemas de Controlo Interno adoptados pelas organizações resultantes desta investigação. A investigação permitiu-me efectuar uma revisão dos Sistemas de Controlo Interno em várias empresas estatais que operam em Nairobi, Quénia, com vista a descobrir a natureza e o tipo de controlos internos em vigor e os objectivos que as empresas pretendiam alcançar.

3.3 Objectivos do estudo

O objectivo da investigação era rever o ICS adoptado pelas empresas estatais, a sua eficácia e a razão pela qual as fraudes e escândalos financeiros continuaram a ocupar um lugar central nos últimos anos, apesar das organizações terem posto em prática sistemas de controlo interno.

O estudo foi orientado pelos seguintes objectivos específicos:

> Identificar os objectivos de gestão financeira que as empresas estatais procuraram alcançar através da implementação do ICS.

> Análise e revisão dos tipos e natureza dos ICS adoptados pelas empresas estatais para descobrir se estavam em conformidade com os quadros de controlo interno reconhecidos e recomendados.

3.5 Quadro teórico

Este estudo foi baseado na formulação de estratégias e sistemas de controlo de gestão. A formulação de estratégias é o processo de decisão sobre novas estratégias enquanto o controlo de gestão é o processo de implementação das estratégias. Os empregados de qualquer organização precisam de ter uma compreensão clara das suas responsabilidades e das regras e regulamentos que regem as suas acções. Portanto, para melhorar o ambiente de controlo, a direcção desenvolve descrições de funções para os empregados e define claramente a autoridade e responsabilidade dentro da organização. Também são estabelecidas políticas tais como práticas empresariais aceitáveis, conflitos de interesses, e códigos de conduta. Os métodos de controlo de gestão são então utilizados para exercer o controlo sobre a autoridade delegada a outros. Os elementos de controlo de gestão incluem planeamento estratégico, orçamentação, atribuição de recursos, medição do desempenho, avaliação e recompensa. É importante notar que o controlo de gestão envolve o comportamento dos gestores e do seu pessoal a todos os níveis da organização. De acordo com Anthony & Govindarajan (2003), cada sistema de controlo tem pelo menos quatro elementos básicos, como se segue:

> um detector/sensor que mede o que está realmente a acontecer no processo de ser controlado

> um avaliador que determina as acções efectivas e a compara com algum padrão das expectativas

> um agente ou feedback que lide com a alteração do comportamento se

o avaliador o considerar necessário

uma rede de comunicação para a transmissão de informação em

círculo completo entre todos os elementos

Do mesmo modo, os processos de controlo de gestão utilizados pelos gestores podem ter os mesmos elementos que os anteriores, mas com variações significativas, como se segue:

como detector, a direcção decide conscientemente o que a organização deve fazer e parte do processo de controlo é a comparação do real com estes planos

o controlo de gestão não é automático e o gestor tem por vezes de fazer uso dos olhos, ouvidos e outros sentidos para detectar informações importantes

o controlo de gestão requer a coordenação de diferentes níveis de indivíduos e cada parte deve trabalhar em harmonia para garantir o sucesso

os gestores podem ter de fazer juízos pessoais, bem como auto-controlo

Como pode ser visto de cima, os sistemas de controlo de gestão são mais complexos do que a maioria dos controlos básicos, muitas vezes o julgamento é inevitável. Os gestores deparam-se frequentemente com situações para as quais as regras não estão bem definidas e, por conseguinte, têm de usar o seu melhor julgamento para decidir que acção tomar. A eficácia da sua acção dependerá da sua habilidade, particularmente no tratamento com outros seres humanos, e não por uma regra específica do sistema.

De facto, citando Anthony & Govindarajan (2003), "Se todos os sistemas garantissem a acção correcta para todas as situações, não haveria necessidade de gestores humanos".

Nas circunstâncias anteriores, a direcção de uma organização deve apresentar metas ou objectivos a atingir e depois conceber controlos internos que lhe permitam alcançar os objectivos estabelecidos. Também serão necessários recursos para a implementação das medidas de controlo que incluem recursos financeiros e humanos. Além disso, a organização deverá ter um quadro de implementação dos controlos internos, de modo a que estes possam ser eficazes na melhoria da realização desses objectivos. Tais sistemas de controlo interno são movimentos, planos ou abordagens de gestão que são concebidos para ajudar uma entidade a alcançar os seus objectivos.

A revisão bibliográfica de vários quadros de controlo interno no capítulo dois concorda geralmente que um sistema de controlo interno adequado é fundamental para uma boa e sólida governação empresarial. Um número significativo de pesquisas sobre sistemas de controlo interno foi feito no passado, tal como a seguir se demonstra.

Felix e Niles (1988) conduziram estudos sobre documentação, aprendizagem, planeamento e avaliação de sistemas de controlo interno adoptados por várias empresas. Concluíram que, embora a investigação sobre o ICS até à data tivesse ganho ímpeto, existiam lacunas significativas, tais como a relação entre a avaliação do controlo interno e os procedimentos de auditoria e a fiabilidade das demonstrações financeiras.

Lea et al. desenvolveram um modelo conceptual de processo de avaliação de risco ao nível da asserção de saldos de contas. Isto envolveu uma avaliação dos controlos internos utilizando uma estratégia ascendente desde o nível da transacção até ao nível das demonstrações financeiras. Esta abordagem fez com que a avaliação dos procedimentos de controlo fosse, em primeiro lugar, os sistemas de informação e, finalmente, o ambiente de controlo.

Smieliauskas (1992) enquanto discutia o estudo de Lea et al. (1992) observa que a prática de auditoria actual avalia geralmente o risco de controlo na direcção oposta, não de baixo para cima mas de cima para baixo. Ao referir-se à secção de introdução deste estudo que trata do risco empresarial, Smieliauskas observa que as avaliações de auditoria não são um processo único na prática, mas que deveria haver uma avaliação contínua de todas as provas a todos os níveis de agregação, tanto de cima para baixo como de baixo para cima.

Felix Jr. (1998) nas suas conclusões afirma que a maioria da investigação sobre controlos internos se concentrou em actividades de controlo em detrimento de outros elementos de controlo interno, tais como ambiente de controlo e actividades de monitorização.

3.4.1 Lacunas na revisão da literatura

Após análise da literatura e dos quadros de controlo interno existentes, foram identificadas as seguintes lacunas:

A maioria dos quadros da ICS concentrou-se na definição e estabelecimento de controlos internos, mas não foi dada importância à ligação entre a ICS estabelecida e a acção real a nível dos funcionários através de uma implementação eficaz. Como tal, existia uma lacuna entre o ICS estabelecido no papel e o que os funcionários praticamente fazem no níveis operacionais na organização. Isto poderia possivelmente explicar porque é que as organizações que estabeleceram controlos internos continuam a reportar práticas financeiras abusivas. A fim de preencher esta lacuna, o autor concebeu um quadro conceptual que sugere que, para que um SCI seja eficaz, três fases que são fase de estabelecimento, fase de implementação e fase de monitorização contínua têm de estar presentes.

Também não tinha sido dada qualquer atenção à relação entre o departamento de auditoria interna que deveria desempenhar um papel muito vital no controlo da implementação do ICS e os outros departamentos dentro da organização. Havia necessidade de uma relação cordial entre a auditoria interna e outros departamentos para assegurar um acompanhamento contínuo e um feedback para uma implementação eficaz do ICS estabelecido, a fim de tomar medidas correctivas em tempo útil. Ao utilizar as várias revisões bibliográficas, incluindo o quadro de controlo interno COSO (2006) e as lacunas identificadas, desenvolvi e concebi o quadro conceptual na figura 3.1 abaixo

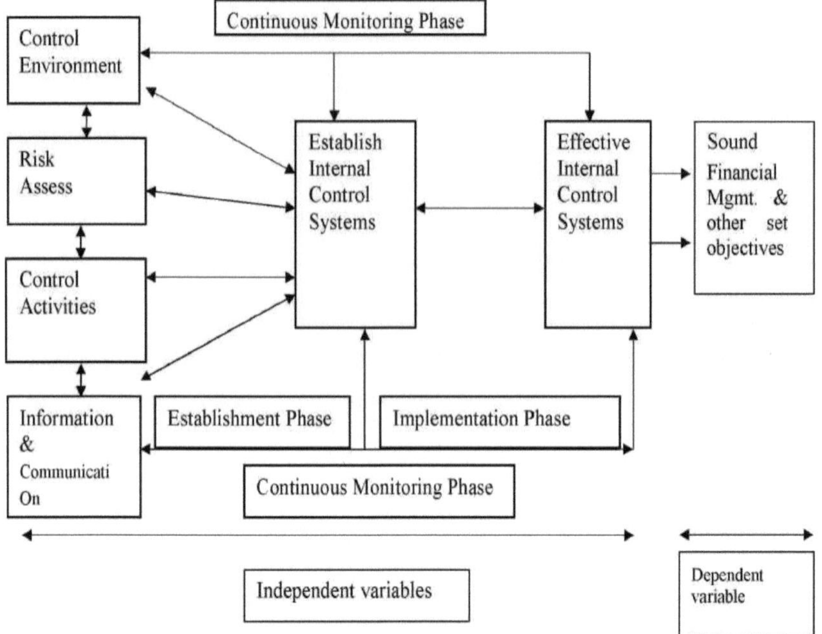

Figura 3.1: Quadro conceptual de um sistema de controlo interno eficaz

Fonte: Desenho do autor

O estudo procurou rever os sistemas de controlo interno sobre gestão financeira adoptados pelas empresas estatais no Quénia, visando as que operam na cidade de Nairobi. Os sistemas de controlo interno constituíam as variáveis independentes, enquanto que a boa gestão financeira era a variável dependente.

As variáveis independentes, por sua vez, consistiam em variáveis independentes principais e variáveis independentes menores. Ao considerar as variáveis independentes menores, tornou-se mais fácil associar quaisquer fraquezas observadas às variáveis independentes maiores. As variáveis independentes principais eram as seguintes:

ambiente de controlo

avaliação de risco

actividades de controlo

informação e comunicação

monitorização

As variáveis independentes menores foram as seguintes:

foram estabelecidos controlos internos para alcançar os objectivos da corporação

autoridade e responsabilidade

segregação de funções

presença de um comité de auditoria eficaz

compromisso da gestão de topo

regras, políticas e regulamentos claros

presença da auditoria interna

documentação e registo adequado e atempado de todas as transacções em conformidade com o GAAP

3.6   Questões de investigação

As questões de investigação específicas a que o estudo procurou responder foram:

Quais foram os objectivos que as empresas procuram alcançar ao estabelecerem controlos internos?

Quais foram os tipos e a natureza dos sistemas de controlo interno adoptados pelas empresas em Nairobi?

Onde todas as componentes de controlo interno do ambiente de controlo, avaliação de risco, actividades de controlo, informação e comunicação e monitorização estão presentes, bem como operacionais e em conformidade com os quadros de controlo interno mais reconhecidos?

3.7   Pressupostos e limitações do estudo

O autor tinha assumido o seguinte:

todas as empresas tinham estabelecido sistemas de controlo interno

os inquiridos visados foram bem informados sobre o funcionamento dos sistemas de controlo interno

que os inquiridos fornecerão honestamente informação adequada e fiável

O autor esperava enfrentar limitações tais como a incapacidade de obter algumas contas ou documentos auditados cruciais das empresas estatais, que poderiam ter fornecido muitos dados de arquivo para enriquecer o relatório, devido às restrições impostas pela Lei Secreta Oficial das Leis do Quénia. Assim, o estudo baseou-se em informações que são legalmente aceites para divulgação, bem como em literatura de arquivo que teve influência no funcionamento efectivo do ICS das empresas estatais.

Outra limitação era que as respostas poderiam não ter sido tratadas de forma verdadeira e honesta porque os empregados poderiam ter querido mostrar que o ICS é eficaz. Para abordar esta questão, as perguntas foram enquadradas de tal forma que o foco não foi num elemento ou componente, mas que perguntas diferentes levaram ao resultado desejado

O tempo limitado, distância e restrições orçamentais podem não ter permitido ao autor ter um estudo mais abrangente, especialmente para cobrir todo o país. Com esta força, o i reduzirá o estudo para cobrir as actividades das corporações dentro da cidade de Nairobi, o que era controlável.

3.8 Metodologia de investigação

A metodologia de investigação fornece a estrutura conceptual em que se baseou a recolha e análise dos dados. Este estudo utilizou a investigação qualitativa. De acordo com Ghauri et al. (1995), a investigação qualitativa é uma mistura de abordagem racional, exploratória e intuitiva onde as competências e experiência do investigador desempenham um papel importante na análise dos dados. Tendo sido um auditor externo durante muitos anos, tive

a capacidade de pensar de forma abstracta, analisando criticamente situações, reconhecendo e evitando preconceitos e mantendo a distância analítica, utilizando ao mesmo tempo a experiência passada. Por conseguinte, esta secção abrangerá a localização do estudo, concepção da investigação, procedimentos de amostragem, instrumentação, validação dos instrumentos e os métodos de análise de dados.

3.9 Localização do estudo e população alvo

Em Janeiro de 2008, havia um total de 190 empresas estatais no Quénia, das quais 178 estavam activas. Das empresas activas, 49 situavam-se em Nairobi, a capital administrativa do Quénia.

Este estudo foi realizado sobre as 49 empresas estatais que estavam sediadas na cidade de Nairobi e, portanto, esta era a população. Optei por estudar sobre estas empresas sediadas em Nairobi devido à acessibilidade dos funcionários da empresa para recolher dados. Também achei a área conveniente para o estudo devido à sua infra-estrutura bem estabelecida, como a sua rede de transportes e comunicações e instalações, bem como centros de recursos, tais como bibliotecas e cibercafés, que facilitaram a recolha de dados (tanto de arquivo como de campo) e a redacção de relatórios. Também achei esta selecção crítica porque todas as empresas estatais eram susceptíveis de serem bem equipadas com pessoal qualificado, supervisão próxima dos ministérios-mãe e de todas as organizações de vigilância como a KENAO, KACC, EMU, PIC, o Tesouro, etc. e, portanto, as empresas estatais representavam a melhor nata do comércio de empresas no Quénia. Além disso, a recolha de dados foi rentável, dado o tempo e os fundos de investigação à minha disposição.

Das 49 empresas estatais activas que operam em Nairobi, uma amostra de 18 empresas estatais foi seleccionada com base na conveniência e na técnica de amostragem propositada. Os inquiridos visados para este estudo foram os 18 principais gestores financeiros e os 18 principais auditores internos para cada empresa. Foram também solicitados dados a 18 auditores principais do Gabinete Nacional de Auditoria do Quénia (KENAO), responsável pela auditoria das respectivas empresas estatais. Uma análise dos dados recolhidos destes três diferentes inquiridos deveria dar uma visão equilibrada, pois todos eles desempenharam um papel muito crucial em diferentes plataformas sobre os sistemas de controlo interno de uma organização

3.10 Técnicas de selecção de amostras e tamanho da amostra

O quadro de amostragem fornece a estrutura para facilitar a identificação e selecção da amostra do estudo a partir da população em causa. Orienta o investigador na elaboração da técnica mais apropriada para determinar a amostra controlável dos respondentes certos a partir da qual se podem recolher os dados previstos.

Kathuri e Pals (1993) define a amostragem como o processo de selecção de alguns casos (amostra) para fornecer informações que podem ser utilizadas para fazer julgamentos sobre um número muito maior de casos (população). Das 49 empresas estatais baseadas em Nairobi, uma amostra de 18 empresas estatais foi seleccionada com base na conveniência e na técnica de amostragem proposta. Os inquiridos visados para este estudo foram os 18 principais gestores financeiros e os 18 principais auditores internos para cada empresa. Foram igualmente solicitados dados a 18 auditores principais do Gabinete Nacional de Auditoria do Quénia (KENAO) responsáveis pela auditoria das respectivas empresas estatais, com base na riqueza de experiência que tinham, uma vez que avaliam continuamente os controlos internos das empresas enquanto realizam anualmente a auditoria. Uma análise dos dados recolhidos destes três diferentes inquiridos deveria dar uma visão equilibrada porque todos eles desempenham um papel muito crucial em diferentes plataformas sobre a implementação e o funcionamento eficaz dos sistemas de controlo interno nas empresas estatais e em qualquer organização.

3.11 Instrumentos de recolha de dados, apresentação e análise

Eu concebi perguntas fechadas e fiz uso da escala de likerd para recolher dados dos principais gestores financeiros e dos principais auditores internos das respectivas empresas estatais. O mesmo instrumento, mas ligeiramente modificado para se adaptar à sua experiência, foi utilizado para recolher dados dos principais auditores do Gabinete Nacional de Auditoria do Quénia. Estes funcionários actuam como auditores independentes (auditores externos) das empresas estatais e permitiram-me comparar e contrastar os seus dados com os dados recolhidos junto dos directores das finanças e dos auditores internos principais, que eram empregados das empresas. Também fiz uso de entrevistas telefónicas para acompanhamento e esclarecimento de quaisquer questões pouco claras, bem como de informações adicionais. Será obtida autorização das autoridades competentes e os questionários enviados ao empregador do investigador, KENAO, para coordenar a recolha de dados com o agente identificado pelo investigador. O empregador será aqui um facilitador, uma vez que todas as empresas estatais são auditadas externamente pela organização e os principais auditores (auditores externos) sob a tutela do gabinete responderão rapidamente. O investigador lerá e analisará documentos tais como relatórios de auditoria, manuais de contabilidade e práticas de auditoria e outros documentos, bem como artigos relevantes para a contabilidade, auditoria e sistemas de controlo interno.

Os dados serão resumidos, compilados e codificados e depois introduzidos no Microsoft Excel para maximizar a utilidade dos dados resultantes. Posteriormente, o pesquisador analisará os dados qualitativamente através da categorização, da unitilização, do reconhecimento de relações e da realização de inferências. A análise será feita com base em questionários de pesquisa. Finalmente, o investigador fará uso de tabelas e gráficos descritivos.

3.12 Resultados esperados do estudo

O investigador espera que os resultados do estudo sejam úteis para melhorar e melhorar os processos de contabilidade e gestão financeira das empresas estatais no Quénia. Em particular, os resultados podem pressionar os Chefes Executivos das empresas e o Conselho de Administração a concentrarem a atenção na concepção adequada e no planeamento prudente do ICS para um melhor controlo das empresas que gerem, para além da redução dos custos das operações. Numa nota semelhante, uma vez que o ICS é posto em prática para manter a empresa no rumo dos objectivos de rentabilidade e realização da sua missão, e para minimizar surpresas pelo caminho, os resultados do estudo sobre o ICS podem também permitir à administração lidar com ambientes económicos e competitivos em rápida mudança, com mudanças nas exigências e prioridades dos clientes, e com reestruturações para o crescimento futuro que podem acabar por tornar as organizações entidades saudáveis já não fortemente dependentes do financiamento estatal para satisfazerem mesmo as operações básicas.

Além disso, os resultados do estudo podem funcionar como um remanescente para os gestores da empresa estarem conscientes do facto de que os conceitos de governação empresarial também dependem fortemente da necessidade de controlos internos, uma vez que os controlos ajudam a assegurar que os processos funcionam como concebidos e que as respostas ao risco (tratamentos de risco) na gestão do risco são levadas a cabo. Além disso, é necessário que existam circunstâncias que garantam que os procedimentos acima mencionados serão realizados como previsto: atitudes correctas, integridade e competência, e monitorização por parte dos gestores. Isto pode acabar por melhorar a governação das empresas no Quénia e mesmo fazer com que algumas delas atinjam o ponto de equilíbrio ou "se mantenham de pé", uma vez que dependem de fundos públicos para funcionar que, de outra forma, podem ser desviados para prioridades nacionais mais importantes, mas prementes, tais como a oferta de ensino secundário gratuito e outras necessidades financeiras.

Os resultados da investigação também podem ajudar os vários ministérios-mãe sob os quais as empresas estatais operam, a apresentar quadros políticos apropriados que facilitarão a revisão ou formulação de leis e regulamentos para as empresas, o que pode trazer uma boa governação empresarial e incutir confiança aos investidores.

Além disso, as instituições que realizam ensino, formação (cursos de curto e longo prazo) e exames em administração de empresas e governação empresarial podem encontrar os resultados dos estudos que fornecem contributos úteis ao conceberem os seus programas/curriculum de formação/exame.

Por último e não menos importante, as conclusões do estudo podem não só tornar-se um material de referência útil para outros académicos, mas também para aqueles interessados em ler mais sobre questões de ICS relativas à governação empresarial e gestão financeira em particular.

CAPÍTULO 4

ANÁLISE DE DADOS, CONCLUSÕES E DISCUSSÃO

4.1 Introdução

Neste capítulo, o investigador realizou análises, bem como a interpretação dos dados recolhidos durante a realização deste estudo de investigação qualitativa. De acordo com Ghauri et al. (1995), a investigação qualitativa é uma mistura de abordagem racional, exploratória e intuitiva onde as competências e a experiência do investigador desempenham um papel importante na análise dos dados. O investigador, tendo sido auditor externo durante muitos anos, tem a capacidade de pensar de forma abstracta, analisando situações de forma crítica, reconhecendo e evitando preconceitos e mantendo a distância analítica, ao mesmo tempo que utiliza a experiência passada. Esta análise tem, portanto, feito uso de uma abordagem qualitativa para tentar encontrar respostas adequadas às questões de investigação do capítulo um.

4.1.1 Taxa de resposta e tempo de resposta

Do total de 54 questionários dados aos inquiridos, 44 foram recebidos de volta, o que corresponde a 81% no prazo de sete dias. Os inquiridos foram agrupados em três grupos representando os Chief Finance Officers (CFO), Chief Internal Auditors (CIA) e Principal Auditors (PA) (auditores externos da KENAO) para comparação da taxa de respostas, como se mostra a seguir:

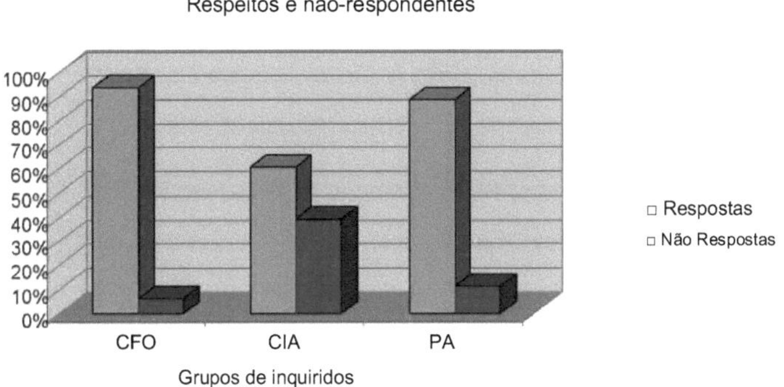

Figura 4.1: Comparação de inquiridos e não inquiridos

Como se pode ver na figura 4.1 acima, as respostas recebidas no prazo de uma semana foram de 94%, 61% e 81% para chefes de finanças, auditores internos principais e auditores principais, respectivamente. A baixa resposta dos principais auditores internos levou o investigador a fazer um acompanhamento através de entrevistas telefónicas para descobrir as razões. Dos 39% da CIA que não responderam, 28% disseram que não se sentiam à vontade para preencher os questionários por receio de vitimização por parte da direcção, enquanto 11% das empresas não tinham um departamento de auditoria interna, apesar de o departamento existir na estrutura da organização.

4.2 Parte A: Dados demográficos

Os directores de finanças e os principais auditores tinham as mais altas qualificações de mestre de administração de empresas de 23% e 13% respectivamente, além de serem contabilistas públicos certificados. Todos os principais auditores internos eram contabilistas públicos certificados como sendo as suas qualificações mais elevadas.

Uma análise da experiência de trabalho no mesmo posto actualmente ocupado revelou que 53% tinham experiência de um a três anos, 35% quatro a seis anos e 12% sete a dez anos para chefes de finanças, enquanto os chefes de auditoria interna tinham experiência de 65%, 8%

e 27% para período semelhante, respectivamente. Quanto aos auditores principais (KENAO), a experiência foi de 11%, 69% e 20% para um período semelhante ao acima mencionado.

4.2.1 Objectivos das Partes B e C e componentes dos sistemas de controlo interno

As restantes partes dos questionários foram agrupadas em duas partes principais, nomeadamente os objectivos de estabelecer a ICS e a natureza ou componentes dos controlos internos adoptados pelas empresas estatais. As respostas foram introduzidas no Microsoft Excel e foram extraídas tabelas mostrando frequências comparativas juntamente com a média ponderada para comparação. As conclusões foram as seguintes:

Mais de 90% de todos os inquiridos concordaram que os principais objectivos que levam as empresas a estabelecer a ICS são a eficácia e eficiência nas operações, a fiabilidade dos relatórios financeiros, bem como o cumprimento das leis e regulamentos aplicáveis, tal como se mostra no quadro 4.1 e na figura 4.2.

Quadro 4.1 Objectivos do estabelecimento da ICS

		CFO			CIA			PA		
escala	peso atribuído	frequência	Pontuações	%	frequência	pontuações	%	frequência	pontuações	%
fortemente concordo	1	12	12	71	6	6	55	3	3	19
concordo	2	4	8	23	4	8	36	11	22	69
neutro	3	1	3	6	0	0	0	0	0	0
discordar	4	0	0	0	1	4	9	2	8	12
discordam fortemente	5	0	0	0	0	0	0	0	0	0
Totais		17	23	100	11	18	100	16	33	100
Média ponderada		1.4			1.6			2.0		

Figura 4.2: Objectivos do estabelecimento

4.2.2 Componentes do controlo interno

As perguntas do questionário foram agrupadas nas cinco componentes principais da ICS, nomeadamente ambiente de controlo, avaliação de risco, actividades de controlo, informação e comunicação e monitorização. Os inquiridos foram também separados em três grupos compostos por chefes das finanças, chefes dos auditores internos e principais auditores (auditores externos) para facilitar a comparação e interpretação dos resultados. Os dados foram então introduzidos no Microsoft Excel para análise e interpretação. Os dados foram colocados em quadros com as frequências comparativas de cada resposta, juntamente com a média ponderada que foi convertida numa percentagem. A escala dos inquiridos foi agrupada em positiva por concordar fortemente e concordar em significar que os controlos internos são fortes e eficazes e que os lados negativos são considerados como fortemente discordantes e discordantes, o que significa que os controlos internos são ineficazes. As conclusões foram as seguintes:

Ambiente de controlo

Isto é frequentemente referido como o "tom no topo" de uma organização que significa integridade, valores éticos, competência dos funcionários, filosofia da gestão, a forma como a gestão atribui autoridade e responsabilidade, bem como a atenção e direcção fornecidas pelo conselho de administração. De facto, esta é a base de todas as outras componentes do controlo interno que proporcionam disciplina e estrutura.

A análise revelou que 88% dos Chief Finance Officers (CFO) deram uma indicação de que o ICS sobre o ambiente de controlo era eficaz enquanto que, por outro lado, 73% e 100% dos Chief Internal Auditors (CIA) e os auditores principais (PA), respectivamente, discordaram fortemente ou discordaram, o que significa que o ICS era fraco, como se pode ver no quadro 4.2 e na figura 4.3.

Quadro 4.2 Respostas do ambiente de controlo

		CFO			CIA			PA		
escala	peso atribuído	Frequência	pontuações	%	frequência	pontuações	%	frequência	pontuações	%
Fortemente concordo	1	10	10	59	0	0	0	0	0	0
Concorda	2	5	10	29	2	4	18	0	0	0
Neutro	3	2	6	12	1	3	9	0	0	0
Discordar	4	0	0	0	6	24	55	4	16	25
Discordar fortemente	5	0	0	0	2	10	18	12	60	75
Totais		17	26	100	11	41	100	16	76	100
Média ponderada		1.5			4.0			4.7		

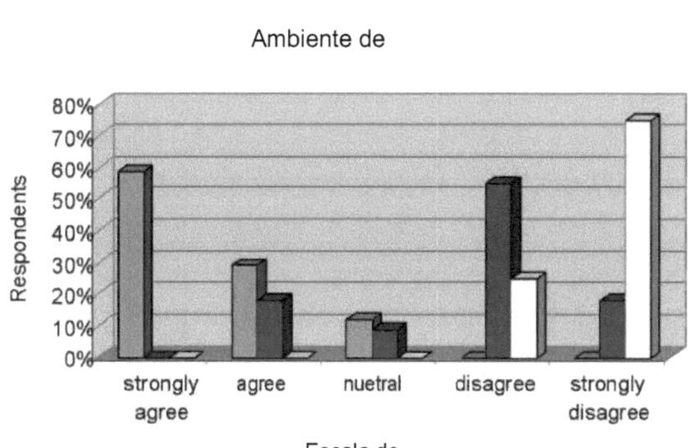

Avaliação de risco

Figura 4.3: Opinião dos inquiridos sobre a componente do ambiente

Isto envolve a identificação e análise dos riscos relevantes a fim de alcançar os objectivos estabelecidos que, por sua vez, constituem a base para determinar a forma como os riscos devem ser geridos. A componente trata efectivamente dos riscos internos e externos para garantir que os mesmos são geridos eficazmente.

A análise indicou que 88% dos pareceres do CFO estavam de acordo em que os controlos sobre a avaliação do risco eram eficazes, por oposição aos pareceres da CIA e da AP de 91% e 94%, respectivamente, que discordaram conforme o quadro 4.2 e a figura 4.3.

Quadro 4.3 Respostas da avaliação de risco

escala	peso atribuído	CFO			CIA			PA		
		frequência	pontuações	%	frequência	pontuações	%	frequência	pontuações	%
Concordo plenamente	1	13	13	76	1	1	9	0	0	0
Concorda	2	2	4	12	0	0	0	1	2	6
Neutro	3	0	0	0	0	0	0	0	0	0
Discordar	4	2	8	12	7	28	64	12	48	75
Discordar fortemente	5	0	0	0	3	15	27	3	15	19
Totais		17	25	100	11	43	100	16	65	100
Média ponderada		1.5			4.0			4.0		

Avaliação de risco

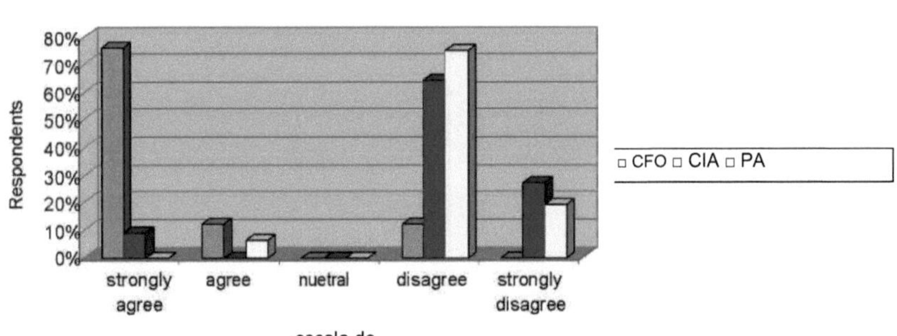

Figure 4:   : Opinião dos inquiridos sobre a componente de avaliação de risco

Actividades de controlo

Esta componente consiste em políticas e procedimentos que ajudam a gestão a garantir que as directivas são cumpridas eficazmente. Tais actividades ocorrem em toda a organização a todos os níveis e em todas as funções. Exemplos de tais actividades são aprovações, autorizações, reconciliações, verificações, revisões de desempenho e segregação de funções.

46

A análise dos dados mostra que 100% dos CFO sentem que as actividades de controlo são eficazes enquanto que a CIA tem uma escala positiva de 65% em oposição a 94% da escala de opinião da AP, o que indica ineficácia, como mostra o quadro 4.3 e a figura 4.4.

Quadro 4.4 Respostas das actividades de controlo

escala	peso atribuído	CFO			CIA			PA		
		frequência	pontuações	%	frequência	pontuações	%	frequência	pontuações	%
Fortemente concordo	1	8	8	47	0	0	0	1	1	6
Concorda	2	9	18	53	4	8	35	0	0	0
Neutro	3	0	0	0	0	0	0	0	0	0
Discordar	4	0	0	0	6	24	56	4	16	25
Discordar fortemente	5	0	0	0	1	5	9	11	55	69
Totais		17	26	100	11	37	100	16	72	100
Média ponderada		1.5			3.4			4.5		

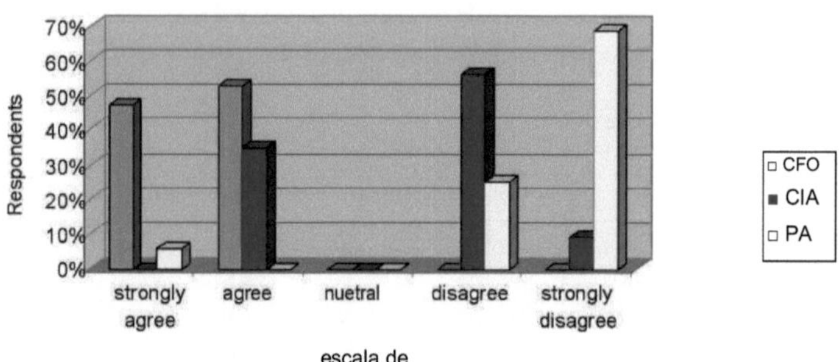

Figure 5:   : Opinião dos inquiridos sobre a componente de actividades de controlo

Informação e comunicação

Isto responde à necessidade de identificar, capturar e comunicar informações às pessoas certas na organização. A informação interna, bem como as actividades e condições externas, são comunicadas à direcção através desta componente.

Quadro 4.5 Respostas de informação e comunicação

Balança	peso atribuído	CFO			CIA			PA		
		frequência	pontuações	%	frequência	pontuações	%	frequência	pontuações	%
Fortemente Concorda	1	11	11	65	3	3	27	5	5	31
Concorda	2	2	4	12	6	12	54	10	20	63
Neutro	3	0	0	0	0	0	0	0	0	0
Discordar	4	1	4	6	2	8	19	1	4	6
Fortemente Discordar	5	3	15	17	0	0		0	0	0
Totais		17	34	100	11	23	100	16	29	100
Média ponderada		2.0			2.0			1.8		

A análise da componente de informação e comunicação indica que existem controlos internos eficazes, como indicado pelo CFO, CIA e PA a 77%, 81% e 94% respectivamente, como reflectido no quadro 4.5 acima e na figura 4.6 abaixo.

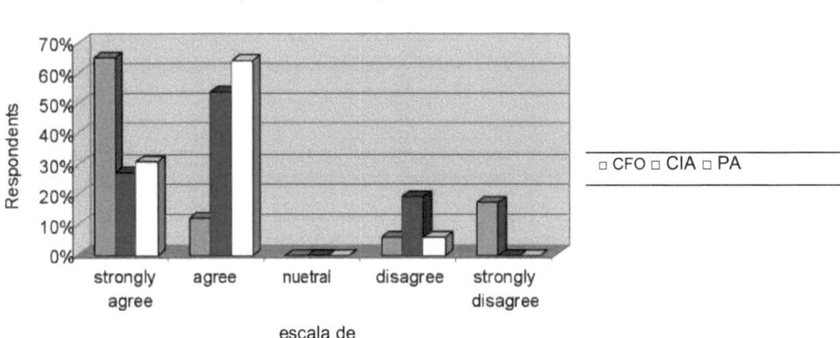

Figure 6:   : Opinião dos inquiridos sobre a componente de informação e comunicação

Monitorização

O sistema de controlo interno deve ser monitorizado pela direcção e por outras pessoas da organização para que o sistema seja eficaz. Isto permite que as deficiências de controlo interno sejam comunicadas a montante e as graves sejam comunicadas à gestão de topo e ao conselho de administração.

para uma acção correctiva e atempada. Este é o elemento de enquadramento associado à função de auditoria interna na organização, bem como todos os outros meios de monitorização, tais como a gestão geral e as actividades de supervisão.

Após análise dos dados, os chefes das finanças foram considerados como sendo da opinião que a componente de controlo interno é eficaz, uma vez que 100% estão de acordo. Contudo, 91% e 92% dos principais auditores internos e os principais auditores, respectivamente, discordaram que a componente é eficaz, como mostra o quadro 4.6 e a figura 4.7.

Quadro 4.6 Respostas de monitorização

escala	peso atribuído	CFO			CIA			PA		
		frequência	pontuações	%	frequência	pontuações	%	frequência	pontuações	%
Concordo plenamente	1	6	6	35	0	0	0	0	0	0
Concorda	2	11	22	65	1	2	9	1	2	6
Neutro	3	0	0	0	0	0	0	0	0	0
Discordar	4	0	0	0	8	32	73	12	48	75
Discordar fortemente	5	0	0	0	2	10	18	3	15	19
Totais		17	28	100	11	44	100	16	63	100
Média ponderada		1.6			4.0			3.9		

Monitorização

Figure 7: : Opinião dos inquiridos sobre a componente de monitorização

Outras observações são as seguintes:

Após ter notado uma baixa resposta de 61% dos principais auditores internos, o investigador fez um acompanhamento adicional através de entrevistas telefónicas para estabelecer as razões por detrás das não respostas. Através das entrevistas, foi surpreendentemente descoberto que dos 39% de auditores internos principais que não responderam, 28% disseram que se sentiam desconfortáveis em preencher os questionários temendo a vitimização por parte da direcção se expressassem a situação do ICS. Além disso, 11% das empresas não tinham auditores internos, embora o departamento existisse na estrutura organizacional.

Dos 61% das respostas recebidas dos principais auditores internos, verificou-se que a sua hierarquia de relatórios era de 19%, 2% e 40%, respectivamente, para CEO, CFO e comité de auditoria.

4.3 Discussão e Conclusões

A revisão da literatura no capítulo 2 é evidente que um sistema de controlo interno eficaz é fundamental para a boa governação. Um controlo interno é um processo concebido e estabelecido para alcançar objectivos de eficácia e eficiência das operações, fiabilidade dos relatórios financeiros, bem como o cumprimento das leis e regulamentos aplicáveis. A revisão também confirma que, para que um SCI seja eficaz, todas as cinco componentes dos controlos internos devem estar a funcionar. O quadro conceptual concebido pelo investigador acrescenta ainda que, após o estabelecimento do ICS, tem de haver uma fase de implementação e uma fase de monitorização contínua, bem como feedback para acções correctivas, se se pretende que o ICS seja eficaz.

A análise acima revela uma tendência interessante: os chefes das finanças de todas as empresas estatais amostradas e sob cuja responsabilidade o estabelecimento e a implementação de um ICS eficaz caíram ao quadrado indicaram consistentemente que os controlos internos estão a funcionar bem e eficazmente. Por outro lado, os principais auditores internos responsáveis pelo acompanhamento e aconselhamento da gestão sobre se os controlos internos são eficazes, bem como os principais auditores (auditores externos) expressaram todos a sua opinião de que todas as cinco componentes do controlo interno são ineficazes, excepto uma componente de Informação e Comunicação.

A análise dá ainda uma indicação clara de que as empresas estatais estabeleceram o ICS, mas os controlos são ineficazes, enquanto que algumas funções como a auditoria interna faltam em algumas organizações apesar do facto de a estrutura organizacional reflectir a sua existência.

A expressão do receio de vitimização por parte dos auditores internos principais que não preencheram os questionários também assinalou que poderia haver um conflito e más relações de trabalho entre os departamentos de auditoria interna e os departamentos financeiros e possivelmente outros departamentos em algumas empresas.

Note-se que algumas estruturas organizacionais encontradas em algumas empresas em que o chefe dos auditores internos responde ou ao chefe das finanças ou ao director executivo podem ser prejudiciais para o trabalho do chefe dos auditores internos.

CAPÍTULO 5

CONCLUSÃO, RECOMENDAÇÕES E INVESTIGAÇÃO DE FUTURO

5.1 Introdução

O Sistema de Controlo Interno é um instrumento utilizado pela direcção para assegurar e dar garantias razoáveis de que os objectivos da direcção estão a ser alcançados. É de importância vital para a gestão conceber um sistema adequado de controlo interno, a fim de alcançar a eficácia e eficiência das operações, fiabilidade dos relatórios financeiros, bem como o cumprimento das leis e regulamentos aplicáveis. Além disso, para que um sistema de controlo interno seja eficaz, todas as cinco componentes do controlo interno têm de estar presentes e operacionais. Contudo, as empresas em todo o mundo têm continuado a reportar escândalos financeiros apesar de declararem nos relatórios anuais que os sistemas de controlo interno estão em vigor. No Quénia, a KENAO e o Comité de Investimentos Públicos continuaram a denunciar práticas financeiras e escândalos financeiros maciços de empresas estatais, apesar de as empresas terem sistemas de controlo interno em vigor. Foi realizado um estudo sobre uma amostra de empresas estatais que operam em Nairobi para rever os sistemas de controlo interno.

5.2 Conclusão

As conclusões no ponto 4.3 acima indicam claramente que as empresas estatais estabelecem sistemas de controlo interno com o objectivo de alcançar eficácia e eficiência, fiabilidade dos relatórios financeiros, bem como o cumprimento das leis e regulamentos aplicáveis. O estudo revela ainda que embora as empresas estatais tenham concebido e posto em prática sistemas de controlo interno, os sistemas são ineficazes enquanto que em alguns casos; funções como a auditoria interna são completamente inexistentes.

Os chefes das finanças sob cuja administração flui grande parte da estrutura de controlo interno e que são directamente responsáveis pelo estabelecimento e manutenção dos controlos internos mantiveram as suas convicções de que os sistemas são eficazes. Pelo contrário, os principais auditores internos, cujo papel principal é avaliar continuamente a eficácia do sistema de controlo interno, contribuindo assim para o seu sucesso e eficácia contínuos, mostram que os sistemas são ineficazes. Os principais auditores (auditores externos da KENAO), que trazem uma visão independente e objectiva e que avaliam se os controlos internos são devidamente concebidos, estabelecidos, implementados e funcionam eficazmente, expressaram a sua opinião de que os sistemas estão em vigor mas são ineficazes.

Este estudo conclui que os sistemas de controlo interno foram concebidos e estabelecidos nas empresas estatais, mas as cinco componentes do sistema de controlo interno, de acordo com quadros de controlo interno reconhecidos, são ineficazes. A fase de monitorização e feedback é também ineficaz.

Em resumo, este estudo conclui que a maioria das empresas estatais concebeu e estabeleceu sistemas de controlo interno de acordo com o modelo conceptual da figura 3.1.No entanto, a segunda fase de implementação não descolou. A terceira fase de controlo está parcialmente em vigor em algumas empresas, mas é ineficaz. Para que os sistemas de controlo interno sejam eficazes a fim de alcançar os objectivos estabelecidos, como uma boa gestão financeira, entre outros, as organizações têm de percorrer um círculo completo através das três fases de concepção e estabelecimento, fase de implementação e, em seguida, monitorização contínua e feedback, a fim de tomar medidas correctivas e oportunas.

5.3 Respostas a perguntas de investigação

Os resultados deste estudo responderam às questões de investigação apresentadas no capítulo um da seguinte forma:

As empresas estatais concebem e estabelecem o ICS com objectivos de alcançar a eficácia e eficiência das operações, fiabilidade dos relatórios financeiros e conformidade com as leis e regulamentos aplicáveis.

A natureza e os tipos de sistemas de controlo interno adoptados pelas empresas estatais que operam em Nairobi estão de acordo com os recomendados nas várias revisões bibliográficas do capítulo dois. Embora os sistemas concebidos consistam nos cinco sistemas reconhecidos e

componentes recomendados de uma ICS eficaz, o estudo revelou que existia uma lacuna entre a ICS estabelecida e o que estava praticamente a ser feito nas operações.

De todas as cinco componentes de controlo interno reconhecidas e recomendadas pelos quadros de controlo interno, o estudo estabeleceu que o ambiente de controlo, a avaliação de riscos, as actividades de controlo e a monitorização são ineficazes e apenas uma, a informação e a comunicação são eficazes.

5.4 Recomendações

As recomendações feitas são as seguintes:

Para que o sistema de controlo interno seja eficaz, todas as cinco componentes de controlo interno devem estar presentes. As três fases de concepção e estabelecimento, fase de implementação e fase de monitorização contínua têm de ser concluídas

Deve ser realizada uma abordagem comportamental e workshops para os funcionários, para salientar a importância e o papel de todos nas organizações na implementação efectiva do ICS

A gestão de topo deve estar empenhada e concentrar-se em ligar o fosso existente entre o ICS e assegurar a sua implementação efectiva através de monitorização contínua, feedback e acção correctiva sobre quaisquer desvios

Todas as empresas estatais devem ter departamentos de auditoria interna a funcionar independentemente da sua dimensão

Os ministérios-mãe devem rever e avaliar o papel e a relação da auditoria interna com outros departamentos, com vista a pôr em prática políticas para assegurar que a função de controlo e de feedback sobre o funcionamento do ICS seja levada a cabo sem problemas.

O governo central deve estabelecer uma política para que todo o departamento de auditoria interna preste contas à Comissão de Auditoria do Conselho de Administração e não directamente ao CEO ou CFO

O governo deve incluir nos contratos de execução da concepção do CEO e do CFO, estabelecendo a implementação efectiva de controlos internos para garantir a sua responsabilidade.

5.6 Sugestões para investigação futura

As seguintes áreas são sugeridas para investigação futura:

A maioria das organizações tem um quadro de controlo interno em vigor mas que não são eficazes. A investigação deve agora concentrar-se na implementação ineficaz e sob o desempenho da ICS.

O departamento de auditoria interna desempenha um papel muito importante na monitorização contínua e no feedback sobre o funcionamento eficaz do ICS, pelo que se recomenda a investigação sobre a forma como a sua relação negativa com outros departamentos como o departamento financeiro dentro da organização pode afectar a implementação eficaz do ICS.

Outra questão de investigação é descobrir como é que as organizações tentam equilibrar o seu ICS para dar peso entre prazos longos e curtos, de modo a assegurar a sustentabilidade. Isto deve-se ao facto de que, se não se conseguir sobreviver mesmo a curto prazo, o longo prazo torna-se irrelevante.

REFERÊNCIAS

Anthony N. R. & Govindarajan V (2004), Management Control Systems, 11ª edição. McGraw-Hill/Irwin, Nova Iorque

Colomy P. (1992). The Dynamics of Social Systems, Sage publications Ltd, Londres.

Comité de Organizações Patrocinadoras (COSO) da Comissão da Treadway (1992) Quadro Integrado de Controlo Interno. AICPA, Nova Iorque.

COSO, Definição de Controlo Interno, disponível em: http://www. coso.org/key. htm (Acesso: 9 de Janeiro, 2008)

COSO, Estrutura Integrada de Controlo Interno, disponível em: http://www.coso.org/IC-IntegratedFramework-summary.htm (Acesso: 15 de Julho, 2008)

Quadro de Referência de Controlo Interno, disponível em: http://www.amf-france.org/documents/general/7636 1.pdf. (Avaliado: 16 de Junho de 2008)

INTOSAI, disponível: http://intosai.connexcc-hosting.net/blueline/upload/4124efestschrift.pdf (Avaliado: 9 de Julho de 2008)

Felix W. L. Jr. (1998). Controlo Interno: Os Dez Anos desde Treadway, Universidade de Kansas. Simpósio de Auditoria

Felix W. L. Jr. e Niles M.S. (1988) Research in Internal Control Evaluation, Auditing, A Journal of Practice and Theory. Vol. 7 No. 2 (p.43-60)

Gay L.R. (1992), Educational Research: Competências de Análise e Aplicações, Macmillan Publishers (Nova Iorque)

Ghauri P, Gronhaug K. & Kristianslund I. (1995) Research Methods in Business Studies, A practical Guide. Prentice Hall, Reino Unido.

Heir J. R.M., Michael T & Sayers D. L. (2003), Sarbanes-Oxley & the Culmination of Internal Control Development: A Study or Reactive Evolution (Um Estudo ou Evolução Reativa) .
Hermanson H.R., Strawser R.J & Strawser H.R. (1993), Auditing Theory & Practice. Sexta edição. Irwin Homewood, Boston

Kathuri N. J & Pals A (1993), Introduction to Educational Research Education Media Centre, Eger ton University.

Kaplan S.R. & Atkinson A. A. (1998) Advanced Management Accounting, Prentice Hall. Incl. Nova Jersey.

Lea R. B. Adams S. J. e Boykin R. F. (1992) Modeling of the Audit Risk Assessment Process at the Assertion Level within an Account Balance Auditing. A Journal of Practice and Theory, Vol. 11

Suplemento (p.152-179).

Pearce & Rtohbinson (2007). Formulação, Implementação e Controlo da Estratégia Competitiva.10 edição. McGraw-Hill/Irwin, Nova Iorque.

Taylor H. D & Glezen W. G (1998) Auditing Integrated Concepts and Procedures, 4ª edição. John Wiley & Sons, Nova Iorque.

BIBLIOGRAFIA

Gestão AICPA, Programas e Controlos Antifraude, disponíveis:
http://www.aicpa.org/downloadlantifraud JSAS-99-Exhibit.pdf (Avaliado: 21 de Fevereiro de 2008)

AICPA National Forensic Accounting Conference on Fraud & Litigation, disponível:
https://media.cpa2biz.com/Publication/ConferenceDocs/2008/08Fraud Lit Final.pdf (Avaliado: 11 de Agosto de 2008).

Baker E.R., Lembke C. Vth, King E. T & Jeffrey G. C. (2008) Advanced
Contabilidade Financeira, 7 edição, McGraw-Hill, Nova Iorque

Bell T. Marrs F. Solomon I. e Thomas H. (1997) Auditing Organizations through a
Lente de Sistemas Estratégicos: The KPMG Business Measurement Process.KPMG, UK

Brewster M. (2003). Unaccountable, How The Accounting Profession Forfeited A Public Trust. John
w. & Sons, New Jersey.

Cochran, W.G. (1977) Sampling Techniques, 3ª edição, John Wiley & Sons, Nova Iorque.

Jones S, Wahba k & Heijden B. (2007), How to Write Your MBA Thesis, Meyer & Meyer Media,
UK.

Hair F. (1992) Multivariate Data Analysis, 3rd edition, Macmillan, New York

Kothari, C. R. (2004). Metodologia de Investigação: Methods and Techniques, [2nd] edition, New Age
Initial Publishers, New Delhi.

Lemon W.M. Tatum K.W. e Turley W.S. (2000) Development in the Audit Methodologies of Large Accounting Firms,
Auditing Practice Board, UK.

Macintosh N. e Free C. (2006) Management Control Practice and Culture at Enron, the Untold Story,
Unpublished Manuscript, Queensway University, Ontário

Relatório Gerencial sobre Controlo Interno e Resposta do Contabilista, disponível:
http://www.emeraldmsightcom/Insight/viewPDF.jsp?Filename=html/Output/Published/E
meraldFullTextArticle/Pdf/0510090703.pdf. (Avaliado: 9 de Junho de 2008).

Mishler, E. G. (1986) Research Interviewing, Harvard University Press, Londres.

Orodho J. A. (2004) Element of Education and Social Science Research Methods, Masola Publishers, Nairobi.

Comité de investimentos públicos, disponível
http://www.bunge.go.ke/committee_investigatory.php#b (Avaliado em 14 [th] Fevereiro . 2008).

SEC Interpretive Guidance, disponível em http://www.sec.gov/rules/interp/2007/33-8 S10.pdf (Avaliado: 19 de Janeiro de 2008).

Sekaran U. (1992). Research Methods for Business, A skill Building Approach, 2nd edition, John Wiley & Sons, Inc., Sekaran U. (1992). Nova Iorque.

Smieliauskas W. (1992) Discussão da Modelação do Processo de Avaliação do Risco de Auditoria a Nível de Asserção dentro de um Balanço de Conta, Auditoria: Um Diário de Prática e Teoria. Vol. 11 Suplemento (p.180-186)

Declaração sobre as Normas de Auditoria #106, disponível:
http://www.aicpa.orgldownloadJmembers/div/audittstdlSAs 106.pdf (Avaliado: 18 de Março de 2008).

Whittington O.R, Pany K, Meigs B .W & Meigs F. R (1992) Principles of Auditing. 10ª edição. R.R Donnelley & Sons Company, Estados Unidos da América.

I want morebooks!

Buy your books fast and straightforward online - at one of world's fastest growing online book stores! Environmentally sound due to Print-on-Demand technologies.

Buy your books online at
www.morebooks.shop

Compre os seus livros mais rápido e diretamente na internet, em uma das livrarias on-line com o maior crescimento no mundo! Produção que protege o meio ambiente através das tecnologias de impressão sob demanda.

Compre os seus livros on-line em
www.morebooks.shop

KS OmniScriptum Publishing
Brivibas gatve 197
LV-1039 Riga, Latvia
Telefax: +371 686 204 55

info@omniscriptum.com
www.omniscriptum.com